Les PROFS

rentrée des artistes

TOME 4

HÉHÉ !

4 HEURES DE COLLE !!!

PICA & ERROC

couleurs : J. GUÉNARD

Maquette et couleur de couverture : P. SCHELLE

BAMBOO
ÉDITION

"Les profs" sur internet : www.lesprofs.com

Copyright © **2002 BAMBOO ÉDITION**
116, rue des Jonchères - BP 3
71012 CHARNAY-lès-MACON cedex
tél. 03 85 34 99 09 - fax 03 85 34 47 55
Site Web : www.bamboo.fr
E.mail : bamboo@bamboo.fr

Tous droits de traduction, d'adaptation et de reproduction
strictement réservés pour tous pays.

TROISIÈME ÉDITION
Dépôt légal : juin 2004
ISBN 2-912715-51-2

Imprimé en France en avril 2004
Printed in France by PPO Graphic, 93500 Pantin

BOM! BOM! BOM!

AAAAAAAHHHH...

CHUUUT! TAISEZ-VOUS!

ÇA VA COMMENCER!

BONJOUR À TOUS! J'ESPÈRE QUE VOUS AVEZ PASSÉ DE BONNES VACANCES!

BONJOUR M'SIEUR!

LE PUBLIC EST EN PLACE, LE COMÉDIEN AUSSI : IL CONNAÎT SON TEXTE SUR LE BOUT DES DOIGTS !... LA REPRÉSENTATION PEUT COMMENCER.

COMÉDIEN

TEXTE

PUBLIC

MOI, JE L'AI DÉJÀ VUE, CETTE PIÈCE! JE REDOUBLE!

MAIS QUE DE TRAVAIL POUR ARRIVER À UN TEL RÉSULTAT!

DEMAIN, C'EST LA RENTRÉE!

FAUT QUE JE RÉPÈTE!

"TRAVAIL DE LA VOIX...

SORTEZ UNE FEUILLE INTERRO ÉCRITE
INTERRO
HUM! HUM!
ÉCRITE
ÉCRITE

... DU TEXTE...

DONC, CE JOUR-LÀ, NAPOLÉON DIT À SES GÉNÉRAUX..."

... HEU... NAPOLÉON DIT À SES GÉNÉRAUX...

C'EST TOUJOURS LÀ QUE J'AI UN TROU!

..."DES DÉPLACEMENTS...

ALLER REMONTER LE RADIATEUR SANS QUITTER LA CLASSE DES YEUX!

... REVENIR AU TABLEAU EN ÉVITANT LE BUREAU...

O.K.!

CIRCULER ENTRE LES TABLES : LÀ, BOULARD AURA LAISSÉ TRAÎNER SON SAC AU MILIEU DE L'ALLÉE!

HOP! GRANDE ENJAMBÉE!

JE SUIS AU TOP!

175A

ET PUIS, C'EST LE JOUR DE LA GRANDE PREMIÈRE!

DIS DONC, IL EST TOUT POURRI, TON CARTABLE, TU DEVRAIS EN CHANGER!

TU RIGOLES? JE NE RENTRERAI JAMAIS EN CLASSE SANS!!!

C'EST MON GRI-GRI!

J'AI... J'AI VACHEMENT LE TRAC!

MAIS C'EST NORMAL! ÇA PASSERA QUAND TU SERAS DANS TA CLASSE!

EN GÉNÉRAL...

BONJOUR À TOUS! J'ESPÈRE QUE VOUS AVEZ PASSÉ DE BONNES VACANCES!

"À PART QUELQUES INCIDENTS...

DONC, CE JOUR-LÀ, NAPOLÉON DIT À SES GÉNÉRAUX...

...MINEURS...

HEU...

AARGL! LE TROU! TOUJOURS AU MÊME ENDROIT!

"LA REPRÉSENTATION SE DÉROULE...

JE PEUX VOUS SOUFFLER VOTRE TEXTE, M'SIEUR, MOI, JE REDOUBLE!

MAIS ÇA VAUT AU MOINS UN 18/20 EN INTERRO!

"SANS PROBLÈMES...

HAHA

QU'EST-CE QUE VOUS CHERCHEZ PAR TERRE, M'SIEUR?

J'AI VOULU ENJAMBER LE SAC QUE TU AURAIS DÛ LAISSER TRAÎNER AU MILIEU DE L'ALLÉE!

ALORS, À LA FIN, LE COMÉDIEN AIMERAIT BIEN QU'IL SE PASSE CECI:

CLAP! CLAP! CLAP! CLAP! CLAP! CLAP!

OUAIS! CLAP! CLAP! CLAP! ENCORE CLAP! CLAP! CLAP! BRAVO!

MERCI, MERCI!

C'EST TROP!

MAIS, EN GÉNÉRAL, IL SE PASSE ÇA:

DRiiiii

FIN DU COURS!

SUPER!

À LA SEMAINE PROCHAINE, M'SIEUR!

YEAH!

BON, BEN... RIDEAU!

175B

PICA 02 + ERROC

4

PFF ! UNE HEURE À POIREAUTER AVANT LA CANTINE! QU'EST-CE QU'ON VA FAIRE ?...

ATTENDS, J'AI UNE IDÉE : JE VOUS IMITE UN PROF ET VOUS ESSAYEZ DE LE RECONNAÎTRE, O.K.?

DONC CE JOUR-LÀ, NAPOLÉON DIT À SES GÉNÉRAUX,...

TROP FACILE! C'EST POLOCHON LE PROF D'HISTOIRE!

À MOI!

BOULARD QUE PEUX-TU ME DIRE DE LA PHILOSOPHIE DE PLATON ? MMM ?

AH, ÇA C'EST LE PROF DE PHILO !...

À MOI : NOUS ALLONS FAIRE UNE INTERRO, C'EST POUR VOTRE BIEN...

WAOUH! C'EST AMINA, LA PROF DE FRANÇAIS!

JE L'AIME!

ET LUI : AJOUTEZ JUSTE UNE GOUTTE DE CHLOROSULFATE DE NITROPOTASSE...

C'EST MISTER BOUM!

LE PROF DE SCIENCES! HAHAHA!

ALLEZ...HOP! HOP! HOP! EN PETITES FOULÉES, PLUS QUE 52 TOURS...

LE PROF DE GYM !

C'EST MOU BOUDINI ! HIHIHIHI !

À MOI : VOS INTERROS SONT MINABLES! JE DEVRAIS VOUS LES FAIRE MANGER !

AH! JE RECONNAIS LE STYLE DÉLICAT DE LA PROF D'ANGLAIS!

HAHAHAHA!

?

SALLE DES PROFESSEURS

?

?

BOUHOUHOUU JE SUIS UNE PROF NULLE!! LES ÉLÈVES NE M'IMITENT MÊME PAS!

BOM! BOM!

?

PICA ol + ERROC

126.

5

AUJOURD'HUI, NOUS ALLONS ÉTUDIER L'IMPORTANCE DE PLATON DANS ...

EXCUSEZ-MOI, M'SIEUR, MAIS FAUT PAS EXAGÉRER ! IL EST PAS SI IMPORTANT QUE ÇA !

QUOI?

PLATON, PAS IMPORTANT? TU RIGOLES !

AU DÉBUT, IL S'EST DONNÉ À FOND, MAIS APRÈS...

PLATON, C'EST UN GÉNIE, TU M'ENTENDS? UN GÉ-NIE !

WHAAA L'AUT! UN GÉNIE! TOUT DE SUITE LES GRANDS MOTS !

PARFAITEMENT!

MMZZ

PLATON, C'EST LE PLUS GRAND, C'EST TOUT !

PEUH! Y'EN A DES MEILLEURS QUE LUI !

C'EST DE LA MAGIE PURE, PLATON !

PLATON= BOUFFON !

FORMIDABLE! INCROYABLE! EXTRAORDINAIRE !

C'EST LA PREMIÈRE FOIS QUE ÇA M'ARRIVE : J'AI FAIT UN COURS SUR PLATON ET LES ÉLÈVES ÉTAIENT PASSIONNÉS ! ILS PARTICIPAIENT, ILS...

NORMAL...

...THIERRY PLATON EST L'ATTAQUANT DU FOOTBALL-CLUB DE BÉTON-SUR-TOURS ET IL A MARQUÉ 27 BUTS CETTE ANNÉE !

C'EST UN GÉNIE, CE GARS-LÀ !

PICA 01 + ERROC

131

TU ES EN **RETARD**, BOULARD! AS-TU UNE RAISON VALABLE À NOUS DONNER?

J'AI PRIS UNE DOUCHE, M'SIEUR, MAIS JE TROUVAIS PLUS MA SERVIETTE... VOUS VOULIEZ QUE JE VIENNE AU LYCÉE TOUT MOUILLÉ?

BEN... HEU...

ET VOILÀ: LE PROF NE SAIT PAS QUOI RÉPONDRE, IL EST **RIDICULE!**

PLUS JAMAIS ÇA GRÂCE AU...

guide de la **Repartie** 1000 répliques pertinentes! pour les Profs

REPRENONS: J'AI PRIS UNE DOUCHE, M'SIEUR, MAIS JE TROUVAIS PLUS MA SERVIETTE... VOUS VOULIEZ QUE JE VIENNE AU LYCÉE TOUT MOUILLÉ?

EN TOUT CAS, SUR TON INTERRO DE LA SEMAINE DERNIÈRE, TU ÉTAIS PLUTÔT À **SEC!**

C'EST GAGNÉ!

HAHAHA! HAHAHAHA!

BIEN ENVOYÉ! HÉ HÉ! JÔÔÔLIE, LA REPARTIE!

SUPER! TOP!

AVEC UN BON SENS DE LA REPARTIE, LE PROF EST **RESPECTÉ!**

AH, BEN, ÇA TOMBE BIEN: J'AI PERDU MA SERVIETTE, MAIS VOUS ME RENDEZ MON **TORCHON!**

AH OUAIS! TOP GÉNIAL! HAHAHAHA HOHOHO HIHI TROP FORT, CE BOULARD!

EH OUI: LE PROBLÈME, C'EST QUE LES ÉLÈVES ONT **TOUJOURS** UNE LONGUEUR D'AVANCE...

HÉHÉ!

guide de la **Repartie** 3000 répliques qui tuent

PICA 01 + ERROC

7

8

9

TU VOIS, LE NIVEAU DE LA PREMIÈRE S2, C'EST UNE CATASTROPHE !

Y A DES BONS ÉLÉMENTS, REMARQUE...

FAUDRAIT QU'ON AIT PLUS DE TEMPS POUR S'EN OCCUPER !

PLUS DE TEMPS ET PLUS DE MOYENS !

J'EN PARLAIS JUSTEMENT HIER AU PROVISEUR...

ÇA VA, JEAN-MARC ?

OUAIS, OUAIS...

ON NE T'ENTEND PAS BEAUCOUP, DIS DONC !

QU'EST-CE QUE TU VEUX QUE JE DISE ?

VOUS ÊTES PÉNIBLES, VOUS AUTRES PROFS, VOUS NE PARLEZ **QUE** DE VOTRE BOULOT !

NOUS ?

AH BON !

NOOOON ! JUSTE UN PEU, COMME ÇA, MAIS...

T'AS RAISON, JEAN-MARC ! ALLEZ, ON VA PLUTÔT PARLER DU TIEN...

QU'EST-CE QUE TU FAIS, DÉJÀ ?

EH BIEN, JE TRAVAILLE LE BOIS : JE SUIS ÉBÉNISTE ET...

AH ! LE PÈRE DE DUVAL QUI EST EN TERMINALE ES 3 FAIT ÇA AUSSI, JE CROIS...

LA TERMINALE ES 3 ! BONJOUR LE NIVEAU AUSSI !

Y'A DES BONS ÉLÉMENTS, REMARQUE !

FAUDRAIT QU'ON AIT PLUS DE TEMPS POUR S'EN OCCUPER...

"PLUS DE TEMPS ET PLUS DE MOYENS !

TAP TAP !

PICA 02 + EKRAOR

141

16

BIEN! C'EST TOUT POUR AUJOURD'HUI! JE VOUS SOUHAITE UNE BONNE SOIRÉE...

RON... ZZZ... HUM?

... ET À LA SEMAINE PROCHAINE!

M'SIEUR! M'SIEUR! JE VOULAIS VOUS VOIR À PROPOS DE...

HEU... DÉSOLÉ MON PETIT DUVAL, MAIS JE SUIS TRÈS PRESSÉ, LÀ...

AH BON?

PFF! PÉNIBLE, CE DUVAL! À LA FIN DE CHAQUE COURS, IL ME SAUTE DESSUS!

IL DEVRAIT FIGURER DANS LE LIVRE DES RECORDS, CATÉGORIE: "POT DE COLLE!"

VRR VRR VRR...

VREûû... TAK! VREûûû... TAK! VREûûû

TAK!

?

?

OH NON! C'EST PAS VRAI! CETTE ⊕✦☠※ DE BAGNOLE EST EN RADE!!

PONK! PONK!

AH BEN ÇA TOMBE BIEN, JE PEUX VOUS RAMENER M'SIEUR!...

... J'AI LA VOITURE DE MA MÈRE!

ARG!

... PARCE QUE J'AI PAS COMPRIS POURQUOI VOUS M'AVEZ MIS QUE 12 À MON INTERRO, POURTANT J'AVAIS TOUT MIS, HEIN? POURTANT, ENFIN BON C'EST PAS GRAVE, NON LE PROBLÈME C'EST QUE JE SAIS PAS TROP QUOI FAIRE APRÈS LA TERMINALE, JE POURRAIS FAIRE PROF, REMARQUEZ, Y'A LES VACANCES ET PUIS...

TÛÛT! TÛÛT! TÛÛT! TÛÛT! TÛÛT! TÛÛÛT! TÛÛT!

DITES, VOUS M'ÉCOUTEZ, M'SIEUR?

TÛÛT!

PICA 01 + ERROC

17

CE JOUR-LÀ, LES TROUPES DE NAPOLÉON AVANÇAIENT DANS LA BOUE...

...LEURS UNIFORMES ÉTAIENT TOUT TACHÉS ET, MALHEUREUSEMENT, ILS N'AVAIENT PAS LE NOUVEAU RAT MACHINE®!

LE RAT MACHINE® REDONNE L'ÉCLAT À VOS UNIFORMES TACHÉS!

LE FRANÇAIS EST UNE LANGUE QUI POSSÈDE UN VOCABULAIRE TRÈS RICHE...

...POURTANT, IL N'Y A PAS DE MOT POUR DÉCRIRE LES SUCCULENTES PÂTES BABILLA!®

BABILLA®, C'EST TOUT LE SOLEIL DE L'ITALIE QUI CHANTE DANS VOTRE ASSIETTE!

SI PLATON A EU AUTANT DE SUCCÈS, C'EST PARCE QU'IL SENTAIT BON!

EAU DE TOILETTE FRESH WATER®, LA SÉDUCTION QUI SENT BON!

MOI, J'AI TOUJOURS UNE LONGUEUR D'AVANCE GRÂCE À MES NAÏK®.

CHAUSSURES NAÏK®, ELLES AVALENT LE BITUME!

COMMENT FABRIQUE-T-ON LE PAPIER TOILETTE?

CE COURS VOUS EST OFFERT PAR MOTUS®, UNE CARESSE POUR LA PEAU DE BÉBÉ!

EH BIEN MESSIEURS, QUE PENSEZ-VOUS DE MON PROJET?

BEN, HEU...NOUS SAVONS QUE L'ÉDUCATION NATIONALE A BESOIN D'ARGENT, MONSIEUR LE MINISTRE...

...MAIS FAIRE SPONSORISER LES COURS, ÇA VA ÊTRE MAL VU!...

PICA 01 + ERROC

138

BONJOUR CHERS COLLÈGUES !

JE VIENS DE RECEVOIR UNE NOTE DU MINISTÈRE !

AH ! CHOUETTE !

ÇA NOUS MANQUAIT !

ON NOUS DIT DE NE PAS RESTER COUPÉ DES RÉALITÉS ÉCONOMIQUES ET DE PERMETTRE AUX ÉLÈVES UNE APPROCHE CONCRÈTE DE L'ACTIVITÉ PROFESSIONNELLE...

HEU... TRADUCTION, S.V.P. !

EN CLAIR, IL FAUT ALLER VISITER DES ENTREPRISES AVEC LES ÉLÈVES POUR QU'ILS SE FASSENT UNE IDÉE DU MONDE DU TRAVAIL !...

VISITER DES ENTREPRISES ?

MAIS C'EST PAS NOTRE BOULOT, ÇA !

ILS ONT LE TEMPS DE LE CONNAÎTRE, LE MONDE DU TRAVAIL !

MOI, JE TROUVE QUE C'EST UNE BONNE IDÉE !

... ET JE SAIS OÙ JE VAIS ALLER !

AAAH ! BRAVO ! BELLE ATTITUDE ! VOILÀ UN ENSEIGNANT QUI SE PRÉOCCUPE DE L'AVENIR DES JEUNES !

VOILÀ : ON VA VISITER CETTE ENTREPRISE...

VOUS REVIENDREZ SOUVENT ICI, APRÈS VOTRE BAC !...

ANPE

AGENCE NATIONALE POUR L'EMPLOI

BIENVENUE À *SHOPPING PROF !*

DU CHAHUT DANS LA CLASSE ?

BRouHAHA
HiHi HiHi BRouHAHA
HAHA CHAHUT
CHAHUT
BRouHAHABRou

UN SEUL GESTE...

BRouHAHA, BROuHA
CHAHUT CHAHU
HAHA HiHi Hi
HAHAHAHiHiHiHi

...ET HOP, C'EST LE SILENCE !

BOULES ANTIBRUIT
SHOPPING PROF ! 2,99 €

VOIR TOUTE CETTE AGITATION VOUS STRESSE ?

UN SEUL GESTE ...

...ET HOP, PLUS DE STRESS !

MASQUE ANTISTRESS
SHOPPING PROF ! 5,99 €

PEUR DE RECEVOIR UN PROJECTILE ?

UN SEUL GESTE...

...ET HOP, SÉCURITÉ TOTALE !

CASQUE ANTIPROJECTILES
SHOPPING PROF ! 79,99 €

GRÂCE À SHOPPING PROF, VOUS NE POURREZ PLUS QUITTER VOTRE SALLE DE COURS !

MERCI SHOPPING PROF !!!

AïïïEE! GNiiii

GRÔÔÔ GRÔAA

SALUT ÉRIC!
TU VIENS
EN BUS,
MAINTENANT?

OUAIS... MA BAGNOLE
EST ENCORE AU
GARAGE BOUDINI...

C'EST
AUJOURD'HUI
QU' ARRIVE
LA NOUVELLE PROF
D'ALLEMAND...

OUAIS! LE PROVISEUR NOUS
EN A PARLÉ PENDANT
UNE HEURE, HIER!

IL A DIT:" SURTOUT
PAS DE GAFFES,
NE PARLEZ
QUE DES POINTS
POSITIFS
DU LYCÉE!"

FAUT PAS QU' ON
LUI PARLE DE NOS LOCAUX
POURRIS, ALORS...

...NI
DE NOTRE
BUDGET
MINABLE!

NI DE NOTRE
DERNIÈRE PLACE DANS
LE CLASSEMENT DES LYCÉES!

NI DES CHAHUTS
PHÉNOMÉNAUX
QUE LE MONDE
ENTIER NOUS
ENVIE!

NI DES EXPLOSIONS
HEBDOMADAIRES DANS
LA CLASSE DE CHIMIE!

NI DU CONCIERGE
CINGLÉ! NI DE
LA BOUFFE DE
LA CANTINE!

NI DE
BOULARD!

LA PAUVRE!!
ELLE NE SAIT
PAS CE
QUI
L'ATTEND!

HA
HA HA
HA HA
HA
HA

HA
HA HA
HA
HA

QUAND J'ÉTAIS PETITE,
JE VOULAIS ÊTRE INFIRMIÈRE
OU HÔTESSE DE L'AIR...

POURQUOI
J'AI CHOISI PROF
D'ALLEMAND??

TAP
TAP

143

PICA oz + ERROC

21

CECI EST UN POIL...

...UN POIL DANS UNE MAIN...

...UN POIL DANS UNE MAIN DE PROF...

...EH OUI : LES PROFS FEIGNANTS, ÇA EXISTE !...

REMARQUEZ, JE M'APPELLE SERGE TIROCUL...

J'AI DES EXCUSES !

...ET LA QUESTION ESSENTIELLE QU'ILS SE POSENT EST CELLE-CI :

COMMENT EN FAIRE LE MOINS POSSIBLE ?

(PETIT GUIDE À L'USAGE DES PROFS FEIGNANTS)

TOUT D'ABORD, LE PROF FEIGNANT DOIT SAVOIR DÉCRYPTER UN CALENDRIER D'ANNÉE SCOLAIRE...

BON ALORS, LES VACANCES DE FÉVRIER SE TERMINENT LE 26...

LES VACANCES DE PÂQUES COMMENCENT LE 7...

DONC DU 27 AU 12, JE SUIS MALADE : GROSSE GRIPPE !

LA SEMAINE SUIVANTE, CONVALESCENCE !

NORMAL...

DU 15 AU 28 ...J'AI UN LUMBAGO ! OUI ! C'EST ÇA ! SERGE, TU ES GÉNIAL !

DOMMAGE QUE JE NE PUISSE PAS TOMBER ENCEINTE, EN PLUS !

HAHA !

C'EST UN SACRÉ BOULOT DE BIEN PLANIFIER SON ANNÉE !

ET Y A DES GENS QUI PRÉTENDENT QU'ON FOUT RIEN !

UNE HEURE DE COURS, C'EST LONG : LE PROF FEIGNANT DOIT SAVOIR GÉRER SON TEMPS !

BONJOUR À TOUS !

JE M'INSTALLE RAPIDEMENT ET ON COMMENCE !

MON PETIT RÉVEIL POUR BIEN GÉRER LE DÉROULEMENT DU COURS...

"MON PETIT RADIATEUR POUR NE PAS AVOIR FROID AUX PIEDS...

IL FAIT UN PEU SOMBRE ICI, NON? JE VAIS LEVER LE STORE!

AH, LE TABLEAU! JE NE SUPPORTE PAS UN TABLEAU MAL ESSUYÉ!

FROT! FROT!

OH!

MON LACET EST DÉFAIT!

BON! EH BIEN NOUS POUVONS COMMENC...

DÉJÀ LA FIN DU COURS?

DDRRR!!!!!!!!!!!

DOMMAGE!

COMME LE TEMPS PASSE!

MAIS POUR ROGNER SUR L'HEURE DE COURS, LE MIEUX, C'EST D'ARRIVER EN RETARD!

BONJOUR À TOUS! DÉSOLÉ POUR CE RETARD, MAIS...

VOTRE VOITURE EST EN PANNE, ON SAIT!

COMMENT AVEZ-VOUS DEVINÉ?

C'EST LA TROISIÈME FOIS QU'ELLE VOUS FAIT LE COUP CE MOIS-CI...

À VOTRE PLACE, JE PRENDRAIS LE BUS M'SIEUR!

HEU!

LE LENDEMAIN...

DÉSOLÉ POUR CE RETARD!

GRÈVE DES BUS!

HÉHÉ!

CE TYPE EST TROP FORT!

TOTAL RESPECT!

LA GROSSE GALÈRE (SURTOUT POUR LE PROF FEIGNANT), C'EST LA CORRECTION DES INTERROS...

PFF...

ALORS, IL Y A UN TRUC TOUT SIMPLE :

JE SUIS DÉSOLÉ MAIS J'AI PERDU VOS COPIES...

JE METS LA MOYENNE À TOUT LE MONDE !

C'EST UN BON TRUC QU'IL NE FAUT PAS HÉSITER À UTILISER...

C'EST BÊTE MAIS MON CHIEN QUI EST TRÈS JOUEUR A MANGÉ VOS COPIES...

VA FALLOIR REFAIRE L'INTERRO...

VOUS ALLEZ RIRE : J'AI CONFONDU VOS INTERROS AVEC LE PAPIER TOILETTE ET...

ENFIN BON, IL NE FAUT PAS EN ABUSER NON PLUS ...

POUR NE PAS AVOIR À CORRIGER DES COPIES, LE TOP DU TOP C'EST L'EXPOSÉ FAIT PAR LES ÉLÈVES !...

...ET C'EST EN 1813 QUE VICTOR HUGO...

...ÉCRIT LE SCÉNARIO DU BOSSU DE NOTRE-DAME POUR WALT DISNEY...

RONN ZZZ

J'AI FINI M'SIEUR !

HEIN ? QUOI ?

BRAVO ! TRÈS BIEN ! 17/20 !

AU SUIVANT !

HEU... TOUS LES SUJETS D'EXPOSÉ ONT DÉJÀ ÉTÉ PRIS, M'SIEUR ... JE VAIS VOUS LIRE LA NOTICE D'INSTALLATION DE LA PLAYSTATION 2 !

PARFAIT ! TRÈS INTÉRESSANT PÉDAGOGIQUEMENT !

MAIS LE PROF FEIGNANT, TEL L'OISEAU EN CAGE, EST AVANT TOUT IRRÉSISTIBLEMENT ATTIRÉ PAR...

LA SORTIE !

EURO DISNEY

155c

24

VISITE D'EXPOS...

SI, SI, C'EST IMPORTANT POUR VOUS DE CONNAÎTRE LA PEINTURE !

RON.. ZZ

...DE MUSÉES...

SI, SI, C'EST IMPORTANT POUR VOUS DE CONNAÎTRE LA SCULPTURE !

"...OU DE N'IMPORTE QUOI !

SI, SI, C'EST IMPORTANT POUR VOUS DE CONNAÎTRE... HEU...

LES HORAIRES DE TRAIN ?

VOILÀ ! C'EST ÇA !

Trains au départ

DERNIER CONSEIL AUX PROFS FEIGNANTS : NE LA RAMENEZ PAS TROP ! EN GÉNÉRAL, VOUS ÊTES ASSEZ MAL VUS PAR VOS COLLÈGUES...

SALUT !

SALUT !

S'LUT !

JE VIENS DE CROISER ÉRIC, IL EST ARRIVÉ À LA BOURRE CE MATIN, IL A ENCORE DES PROBLÈMES AVEC SA BAGNOLE ...

TU PARLES ! C'EST BIDON, OUI ! ÉRIC, MOINS IL EN FOUT MIEUX IL SE PORTE !

JE L'AI TOUJOURS DIT !

CIRCULAIRES MINISTÉRIELLES

PICA +ERROC
'02

IL FAUT QU' ON TE PARLE !

TU SORS DE L'ÉCOLE, TU ES TOUTE ENTHOUSIASTE, TRÈS BIEN... MAIS TU N'ES PAS ENCORE UNE VRAIE PROF !

OUI, TU DOIS PASSER L'ÉPREUVE !

L'ÉPREUVE ?

PSST PSST PSST...

HEIN ?

MAIS... MAIS JE NE PEUX PAS FAIRE ÇA !

TOUT LE MONDE LE FAIT !

TU VEUX ÊTRE UNE VRAIE PROF, OUI OU NON ?

ALLEZ, VAS-Y ! SOIS COURAGEUSE !

RESPIRE À FOND ! TU PEUX LE FAIRE !

NON, JE...

VAS-Y ! VAS-Y !

OU !!!!! ELLE LE FAIT !

SCRIICH! SCRITCH!

EEEH BIEN VOILÀ ! TU ES UNE VRAIE PROF, MAINTENANT !

BIENVENUE AU CLUB !

JE... JE L'AI FAIT !

BOUHOUHOUUU J'AI TROP HONTE !!

AH BRAVO, LES GARS, BRAVO ! LUI DIRE QUE POUR ÊTRE UNE VRAIE PROF, IL FAUT **NOTER UNE COPIE SANS LA LIRE**, C'EST MALIN, TIENS !

MAIS HEUUU...

C'ÉTAIT JUSTE POUR RIGOLER, QUOI...

UNE NOUVELLE PROF, C'EST UNE PETITE CHOSE FRAGILE !

SNIF !

TAP! TAP! TAP!

PICA 02 + ERROC

146

VOILÀ, LE COURS EST TERMINÉ !

IL NOUS RESTE À REMERCIER MADAME L'INSPECTRICE DE SA VISITE ...

RON

JE TIENS À VOUS FÉLICITER ! VOTRE COURS ÉTAIT PASSIONNANT !

ÇA MARCHE !

VOTRE NOTATION SERA À LA HAUTEUR DE VOS GRANDES QUALITÉS DE PÉDAGOGUE !

OOOH ! N'ÉXAGERONS RIEN !

HUM !

AH SI, SI ! DE PLUS, HEU... COMMENT DIRE ?... VOUS DÉGAGEZ UNE SORTE DE MAGNÉTISME QUI NE GÂCHE RIEN ...

HEIN ?

...IL Y A JE NE SAIS QUOI DANS VOS YEUX BLEU PROFOND QUI M'ATTIRE IRRÉSISTIBLEMENT !

BLEU PROFOND ?

MES YEUX À MOI ?

HEU...

JE VEUX M'Y NOYER ! LÀ ! MAINTENANT ! TOUT DE SUITE !

MAIS, MAIS ...

Ô TOI ! TOI !

MAIS ENFIN, MADAME, CALMEZ-VOUS !

SI LE MINISTRE VOUS VOYAIT !

TON IDÉE D'ENVOÛTER L'INSPECTRICE, SELON LES MÉTHODES DES INDIENS CHORIZOS, ÉTAIT BONNE : ÇA MARCHE !...

ÇA MARCHE MÊME UN PEU TROP BIEN !

OUVRE-MOI MON AMOOUUR !

GRÔAAR GRÔÔ

?

PICA 02 + ERROC

150

27

IL EST LÀ !

OH! LA, LA! ÇA N'A PAS L'AIR D'ÊTRE LA GRANDE FORME, DIS DONC !

JE VOIS PAS POURQUOI JE SERAIS EN FORME : UN TYPE COMME MOI, QUI ATTIRE TOUS LES MALHEURS...

QUAND UNE CATASTROPHE DOIT TOMBER SUR LA TÊTE DE QUELQU'UN, C'EST SUR LA MIENNE !

ALLONS, ALLONS, TU DIS N'IMPORTE QUOI !

PAS DU TOUT ! C'EST UNE VÉRITABLE MALÉDICTION !

BON, ALLEZ, FAUT TE CHANGER LES IDÉES !

ON VENAIT TE CHERCHER POUR ALLER MANGER À LA CANTINE AVEC NOUS !

NON MERCI, JE VOUDRAIS PAS VOUS DÉRANGER, JE...

ALLEZ, QUOI !

MAIS PUISQU'ON TE DIT QUE ÇA NOUS FAIT PLAISIR !

MERCI LES GARS, VOUS ÊTES SYMPAS ! ALLONS-Y !

AH !

AH !

C'EST QUAND MÊME DINGUE QUE ÇA TOMBE TOUJOURS SUR LUI ! JE VAIS FINIR PAR CROIRE À SON HISTOIRE DE MALÉDICTION !

JE L'AVAIS DIT : AVEC LUI, ON EST SÛR DE MANGER TRANQUILLEMENT !

PICA 02 †ERROC

153

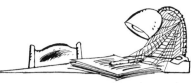

POP!

SCRONTCH!
SCRONTCH!

CAMIF

TILT!

J'ÉTAIS EN TRAIN DE CORRIGER VOS COPIES, LORSQUE J'AI EU UNE IDÉE...

HÉ!HÉ!

CHACUN DE VOUS VA CORRIGER LA COPIE D'UN DE SES PETITS CAMARADES : C'EST **BEAUCOUP** PLUS INTÉRESSANT PÉDAGOGIQUEMENT !

CE PROF EST TROP FORT

TOTAL RESPECT !

PICA 02 + ERROC

163

30

HUIT!

HUIT!

NOOON?

SIIII!

HUIT!

C'EST MON RECORD!

CA S'ARROSE!

TU AVAIS FAIT COMBIEN, L'ANNÉE DERNIÈRE?

HOOLA! JE NE SAIS PLUS! AU MOINS 15!

HAHA!

C'EST SÛR, J'AI FAIT DRÔLEMENT ATTENTION, J'Y SUIS ALLÉ MOLLO...

MAIS HUIT! J'Y AURAIS JAMAIS CRU!

ON EST FIERS DE TOI, TU SAIS!

AVEC UN PEU DE CHANCE, L'ANNÉE PROCHAINE, JE TOMBE À SIX! OU MÊME CINQ!

ATTENDS, TU T'EMBALLES, LÀ!

HEU... JE NE VOUDRAIS PAS PARAÎTRE COMPLÈTEMENT IDIOTE, MAIS HUIT QUOI?

AH! C'EST VRAI QUE TU ES NOUVELLE!

JE SUIS ALLÉ ENTRAÎNER UNE CLASSE POUR LE CROSS DÉPARTEMENTAL, DANS LA FORÊT DE FONDUBOIS-LE-BUISSON ET JE N'AI PERDU QUE HUIT ÉLÈVES!...

CA S'ARROSE!

PICA 02 + ERROC

144

IL PARAÎT QUE C'EST ICI QU'ELLES SONT STOCKÉES...

PERSONNE N'A JAMAIS OSÉ S'AVENTURER DANS CETTE PARTIE DU LYCÉE...

DANGER

KEEP OUT!

FAITES GAFFE!

OH! SOUS... SOUS LE POIDS, LE MUR SE LÉZARDE...

CRRRRKK...

?

CCRRAAAKK

BRROLOMBROLOMBROLOMM

BROBLOM

NON! NOOONN!!!

AAAAH!

BEN ALORS? T'AS FAIT UN CAUCHEMAR?

QUELLE... QUELLE HORREUR! J'ÉTAIS ENSEVELI SOUS TOUTES LES RÉFORMES DE L'ÉDUCATION NATIONALE DEPUIS 1950!

BOM! BOM!

LE MINISTRE DE L'ÉDUCATION NATIONALE PRÉSENTERA DEMAIN, DEVANT LE PARLEMENT, SON PROJET DE RÉFORME QUI...

142

PICA 02 + ERROC.

BON, EH BIEN, C'EST LA FIN DU COURS...

...SORTEZ EN ORDRE!

+ 2 gouttes de sulfochlorure de potassium

OUF!

DRRR

IIIIN

PFF...

BLING!

CLING!

CRACK!

DANGER

FRAPPEZ DOUCEMENT

RISQUE D'EXPLOSION

HEU... TOUJOURS RIEN, HEIN?

BEN NON...

ALLONS, ALLONS FAUT GARDER ESPOIR; DEMAIN, PEUT-ÊTRE...

J'Y CROIS PLUS...

TAP! TAP!

BOU HOU HOUu JE SUIS DÉSHONNORÉ!

ÇA FAIT PLUS D'UN MOIS QU'IL N'Y A PAS EU D'EXPLOSION DANS SA CLASSE!

ALORS, IL LE VIT TRÈS MAL!

PICA 02 + ERROC

170

35

TIENS, MAIS C'EST RENÉ ! COMMENT ÇA VA AUJOURD'HUI ?

BEN... MAL, COMME D'HABITUDE...

EXCUSE LA QUESTION IDIOTE ! UN PETIT CAFÉ ?

CE MATIN, J'ÉTAIS EN RETARD, Y AVAIT GRÈVE DES BUS...

JE VIENS PLUS EN VOITURE, Y A TOUJOURS UN ÉLÈVE QUI ME CRÈVE MES PNEUS !

...ALORS BON, J'AI COURU, MAIS EN PASSANT SOUS L'ÉCHAFAUDAGE DES LAVEURS DE CARREAUX DU LYCÉE...

..." J'AI PRIS UN SEAU SUR LA TÊTE..."

..." ALORS ÉVIDEMMENT, LE CHIEN DU CONCIERGE NE M'A PAS RECONNU !..."

HiHiHi HAHAHAHA

HAHAHAHAHA OUAF OUAF HAHA

AH BEN, MERCI, ÇA FAIT PLAISIR !

ALLONS, QUOI, RENÉ, LE PRENDS PAS MAL... ... ALLEZ, À DEMAIN, HEIN ?

HAHAHA ! IL EST TROP, CE TYPE !

ÇA FAIT DU BIEN DE SE MARRER UN BON COUP !

HiHiHi

☆ Tous les midis ☆
★ GRAND SHOW ★
★ COMIQUE !!! ★

Avec RENÉ
Le prof
dépressif !!!

☆ ☆ ☆ ☆ ☆

VENEZ NOMBREUX
☆ 5€ L'entrée ☆

PICA 02 + ERROC 162

BONJOUR À TOUS!

AUJOURD'HUI, JE N'ASSURERAI PAS LE COURS CAR JE SUIS EN GRÈVE!

BEN... POURQUOI QUE VOUS ÊTES LÀ, ALORS?

EH BIEN PARCE QUE JE TIENS À VOUS EXPLIQUER **POURQUOI** JE FAIS GRÈVE: JE PENSE QUE C'EST IMPORTANT POUR VOUS DE...

AH AHAH! ÇA C'EST LA MEILLEURE!

HAHAHAHA

?

LE GARS, IL EST EN GRÈVE...

MAIS IL VIENT AU BAHUT QUAND MÊME!

HAHAHAHA

HIHIHI

HAHA

LE GARS, QUAND IL FAIT GRÈVE, PERSONNE S'EN APERÇOIT! HIHIHIHI...

MOI JE CROIS QU'IL NE PEUT PAS SE PASSER DE NOUS!

IL EST TROP OUF, CE PROF!

HAHAHAHA

HIHI

HAHA

HAHA

HIHIHI

AU FAIT, M'SIEUR, VOUS NOUS AVEZ PAS DIT POURQUOI VOUS FAITES GRÈVE!

HAHA

HIHIHIHI

QUELLE GRÈVE?

SORTEZ UNE FEUILLE, INTERROGATION ÉCRITE!

BZZ

PICA 02 + ERROC

151

38

ALLEZ, ALLEZ, PLUS VITE !

C'EST MOU TOUT ÇA...

ALLEZ, ON TIRE SUR LES BRAS ! ON POUSSE SUR LES JAMBES ! ET SURTOUT, ON NE REGARDE PAS DERRIÈRE SOI...

POURQUOI IL NE FAUT PAS REGARDER DERRIÈRE N... ?

AAAAAAAAAAAA AAAHHHHH

FLATCH FLATCH FLATCH FLATCH FLATCH FLATCH FLATCH PLATCH FLATCH FLATCH FLATCH FLATCH FLATCH FLATCH

AAAAAAAAAAAAAAAAAAAAAHHHHHH

PLITCH PLITCH FLATCH PLITCH CLAC CLAC BONG

EH BIEN VOILÀ ! VOUS AVEZ PULVÉRISÉ LE CHRONO !

HAHA !

VOUS VOYEZ, QUAND VOUS VOULEZ !

VOUS AVEZ QUAND MÊME DES MÉTHODES UN PEU SPÉCIALES...

BEN QUOI ? Y A LE BAC DANS QUELQUES MOIS...

FAUT LES MOTIVER !

MAÎTRE NAGEUR

AB GL

PFFF PFE... PFF

!!

PICA 02 + ERROC.

160

CA VA PAS?

SI, SI...

ON EST BIEN ICI, NON ? LE VILLAGE-VACANCES, LE SOLEIL, LA PISCINE, LA DÉTENTE...

ON OUBLIE LE BOULOT !...

OUI, OUI...

CE SOIR, Y A UNE SOIRÉE BARBECUE BROCHETTES-MERGUEZ ! ÇA VA ÊTRE SYMPA !

BÔF...

HEIN ?

HEU... TU VEUX QU'ON AILLE FAIRE UNE BALADE DANS L'ARRIÈRE-PAYS ?

PAS ENVIE...

HÉÉ M'MAN, M'MAN ! TU VIENS JOUER AVEC NOUS AU BALLON DANS LA PISCINE ?

PAS ENVIE...

ENFIN QUOI, ON EST BIEN ICI ! C'EST L'ENDROIT IDÉAL POUR QUE TU OUBLIES LE COLLÈGE, NON ?

VOUS ÊTES PROF ?

OUI !!! VOUS AUSSI ?

LA SECONDE S2, ILS SONT NULS ! MAIS NULS !

...J'AI UN COLLÈGUE QUI...

82 COPIES À CORRIGER POUR LE LENDEMAIN ! L'HORREUR !

ALORS L'INSPECTEUR ARRIVE ! J'AVAIS UNE DE CES TROUILLES !

ET J'AI DIT AU PROVISEUR...

...LE MANQUE DE MOYENS, SURTOUT !

ET ALORS, VOUS SAVEZ CE QUE ME RÉPOND BOULARD ?

HAHA

HIHIHI

PICA_02 +ERROC

173

42

MAIS PUISQUE JE VOUS DIS QU'IL ME MANQUE UN GAMIN !!!

?

ET MOI JE VOUS DIS QUE J'AI UN HORAIRE ET QUE LA NAVETTE DOIT **PARTIR** !

IL Y EN A UNE AUTRE DANS DEUX HEURES ! IL PRENDRA CELLE-LÀ !

MAIS JE NE PEUX PAS LE LAISSER LÀ ! IL VA PANIQUER !

UN PROBLÈME ?

BEN... JE SUIS DIRECTEUR D'UN CAMP DE VACANCES, ON EST VENU VISITER L'ÎLE AVEC LA NAVETTE MAIS IL ME MANQUE UN ADO !...

ÉCOUTEZ, JE SUIS UN PEU DE LA PARTIE : JE SUIS PROF D'EPS !

JE VAIS ATTENDRE LE GAMIN ICI ET JE LE METTRAI DANS LA PROCHAINE NAVETTE !

SOYEZ TRANQUILLE !

MERCI !

POUT POUT POUT

AH, LE VOILÀ !

ARGLL... ARGL ! PFE

?

OH NON !!! LA... LA NAVETTE EST PARTIE !!!

BOUDINI ! ÇA ALORS, QUELLE BONNE SURPRISE !

ARGLL...

C'EST MOU TOUT ÇA ! JE VOIS QUE TU ES TOUJOURS AUSSI ROUILLÉ, BOUDINI !

ON N'ÉCHAPPE PAS À SON DESTIN !

ON A BIEN FAIT DE NE PAS ATTENDRE LA PROCHAINE NAVETTE !

22 KILOMÈTRES À LA NAGE, ÇA TE FERA DU BIEN HAHAHAHA !

PLATCH ! PLATCH !

PICA 02 †ERROC

168

FAITE
VÉRIFIÉ
LA
PRESSION
DE
VOS
PNEUX

CLOC!

VROOOOO...

FEMMES =
AU VOLANT

VROOOOO

JE SUIS DÉSOLÉE,
MAIS JE NE PEUX PAS
M'EN EMPÊCHER...

...JE SUIS
PROF DE
FRANÇAIS!

FAITES
VÉRIFIÉR
LA
PRESSION
DE
VOS
PNEUS

OUAAAÎS ! ON EST À LA MER !...
C'EST CHOUETTE LA MER, HEIN M'MAN ?

OUI MON CHÉRI !

HEIN M'SIEUR, QUE C'EST CHOUETTE LA MER !

JE VOUDRAIS LIRE TRANQUILLE...

BEN OUI, MAIS C'EST...

OUI, TU AS RAISON : C'EST CHOUETTE, LA MER...

..TU PEUX ME CROIRE, JE SUIS PROF DE CHIMIE !

UN LIQUIDE CONSTITUÉ DE MOLÉCULES FORMÉES DE DEUX ATOMES D'HYDROGÈNE ET D'UN ATOME D'OXYGÈNE (H2O)...

?

"... UNE SUBSTANCE CRISTALLINE COMPOSÉE POUR L'ESSENTIEL DE CHLORURE DE SODIUM, DES ORGANISMES VÉGÉTAUX AQUATIQUES PRATIQUANT LA PHOTOSYNTHÈSE, DES HYDROCARBURES CONSTITUÉS DE CARBONE ET D'HYDROGÈNE...

".. ET S'AGITANT DANS TOUT ÇA, DES VERTÉBRÉS AQUATIQUES OVIPARES À RESPIRATION BRANCHIALE !

AAAAAH ! M'MAN ! AU SECOURS ! Y'A PLEIN DE SALOPERIES DANS LA MER !!!

?

TU DEVRAIS AVOIR HONTE DE TOI !

C'EST LUI QUI A COMMENCÉ !

HIN ! HIN !

169

PICA 02 + ERROC

Retrouvez chaque semaine
LES PROFS dans

A découvrir aux éditions BAMBOO

LES PROFS - 5 tomes parus

1 - INTERRO SUR-PRISE
2 - LOTO ET COLLES
3 - TOHU-BAHUT
4 - RENTRÉE DES ARTISTES
5 - CHUTE DES COURS

Pica
Erroc

8,99 €

LES GENDARMES - 6 tomes parus

1 - FLAGRANT DÉLIRE !
2 - PROCÈS VERT PÂLE !
3 - RADAR-DARE
4 - AMENDE HONORABLE !
5 - SOURIEZ, VOUS ÊTES FLASHÉS
6 - UN P.V. DANS LA MARE !

Jenfèvre, Sulpice
& Cazenove

8,99 €

LES POMPIERS - 2 tomes parus

Tome 1 :
DES GARS DES EAUX
Tome 2 :
HOMMES AU FOYER

Stédo
Cazenove

8,99 €

LES FONCTIONNAIRES - 4 tomes

1 - MÉTRO, DODO, DODO...
2 - RÉDUCTION DU TEMPS DE TRAVAIL
3 - TRAVAIL À LA CHAÎNE...
4 - GRÈVE SANS PRÉAVIS

Bloz
Béka

8,99 €

LES TOUBIBS - 2 tomes parus

Tome 1 :
C'EST GRAVE, DOCTEUR ?
Tome 2 :
AU SUIVANT !

Bélom
Sirvent

8,99 €

LES COMMERCIAUX

Tome 1 :
FARCE DE VENTE

Goulet
Plumeri
Boitelle

8,99 €

LES MUSICOS

Tome 1

Janvier
Jenfèvre
Erroc

8,99 €

LES 1000 PATTES

TRANSPORTS EN TOUT GENRE

Jenfèvre
Sulpice
Cazenove

8,99 €

ON THE ROCK

HISTOIRES DE VTT

Jeanfaivre
Sulpice

8,99 €

LES BABYFOOTS

Bouchard
Pica

8,99 €

LES FOOT MANIACS

Tome 1

Jeanfaivre
Sulpice

8,99 €

LES DAMNÉS DE LA ROUTE - 3 tomes

1 - ON ACHÈVE BIEN LES 2 CV
2 - L'HOMME QUI MURMURAIT À L'OREILLE DES 2 CV
3 - LES 2 CV SE CACHENT POUR MOURIR

Achdé
Richez

8,99 €

RAOUL ET FERNAND

Tome 1 :
LA FUREUR DE VIVRE !

Erroc

8,99 €

LES FOURMIDABLES - 2 tomes

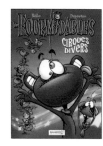

Tome 1 :
DES FOURMIS DANS LES JAMBES
Tome 2 :
CIRQUES DIVERS

Béka
Deporter

8,99 €

SOS SHOBIZ

Tome 1 :
LES PROS DU SHOW

Erroc
Sulpice
Stédo

8,99 €

LES PRÉDICTIONS DE NOSTRA

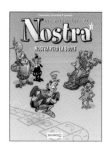

Tome 1 :
L'AS DES ASTRES
Tome 2 :
SIGNES DÉSAS-TROLOGIQUES
Tome 3 :
NOSTRA PERD LA BOULE

Amouriq
Cazenove
Lunven

8,99 €

LES RIPOUPONS - 2 tomes parus

Tome 1 :
TOUCHE PAS À MON DOUDOU
Tome 2 :
ON REMET UNE COUCHE !

Gégé
Bélom

8,99 €

HERCULE - 2 tomes parus

Tome 1 :
BAZAR DE GRUMLOT !
Tome 2 :
RAS L'KÉPI !

Yannick

8,99 €

LES BRUMES DU MIROBOLAND

Tome 1 :
L'ELIXIR DE SILYCONN
Tome 2 :
LE SECRET DE FÈNWIK

Escaich
Mermin
Frécon

9,45 €

BRUCE KID

Tome 1 :
L'INITIATION

Jenfèvre
Sulpice

9,45 €